5 Razones y Un Epílogo

Puerto Rico Nunca Va a Ser Estado

por

Pepe Orraca

5 Razones y Un Epílogo

"If admitted, Puerto Rico would be our most impoverished, least educated and most violent state."

Texas Young Republican Federation
January 24, 2017

Introducción

Los partidos políticos y sus liderantos han sustituido la buena gobernanza por la persecución de un estatus. ¡Todos! Al fundamentarse en su ideología partidista reduce su función en la sociedad a la de ganar elecciones con el consecuente abandono de la responsabilidad de adelantar la condición de vida de los que vivimos en la Isla. El resultado ha sido una deuda descomunal, por largo tiempo aprobada y estimulada por los partidos. El espejismo de un estado libre y asociado se ha desvanecido, mientras la realidad de la propuesta estadista se detiene en los slogans publicitarios. Y la independencia es una mala palabra.

Los proponentes de la estadidad para Puerto Rico claman a viva voz que la estadidad está a cuestión de otro plebiscito. Esta vez el quinto. Pero el discurso no advierte que la estadidad federada no se gana por votación popular. Para el congreso federal esos votos solo representan el interés que podamos tener en anexarnos.

Es el equivalente a enviarle una caja de chocolates con la nota que lee: ¡Tú me gustas mucho! Un interés que ellos pueden o no reciprocar. Es importante dejar claro que esta propuesta de ganar la estadidad por votos, se fundamenta en un engaño que pretende distraer del mal gobierno. La inclusión de Puerto Rico cómo estado no depende de nosotros. Depende totalmente de ellos. Por eso es que *nunca* vamos a ser aceptados como estado. Las razones son tan sencillas como lo son de fundamentales.

8

"...the union is a federation of similar sovereignties, different enough in their local interest to necessitate separate state government but so similar in common culture, language, and law as to make practical their binding as coequal participants under a federal government."

Texas Young Republican Federation
January 24, 2017

10

1ra

Razón de Fundamento

Históricamente el proceso de conversión de territorios en estados de la unión, comienza con la usurpación territorial y la invasión sistemática de pobladores americanos. Tal como está haciendo Israel en los territorios palestinos. Una vez la población inmigrante se hace numéricamente significante se van apoderando de las estructuras de poder y crean gobiernos propios, obviando la existencia y las necesidades de los nativos originales.

Cuando esa población alcanza una mayoría absoluta sobre los nativos, algo que logran con la continua invitación de nuevos pobladores, comienza el proceso de censos y cabildeo con la legislatura federal. Una conversación entre americanos. Gente que ya se entiende. Y a la larga, cuando ya tienen algo que aportar a la unión, se aceptan como los hermanos que son. Para resumir, ningún hawaiano, ni esquimal, idearon buscar la estadidad para sus naciones.

La historia de nuestra Isla es distinta. Los americanos vienen a la Isla, están una temporada, por la razón que sea: empleo, estudios, o matrimonio y al tiempo regresan a su patria. Mientras están aquí se quedan entre ellos mismos, sin aventurarse mucho a compartir con los nativos. Los pocos que sí se quedan, se 'criollizan' y se buscan un nicho que les permita integrarse a la sociedad criolla. No tratan de presumir, ni buscan adquirir posiciones en las estructuras de poder y tampoco hacerse visibles en la política. Sin embargo los americanos que ocuparon Hawái enseguida destronaron a la legítima Reina de esas islas, prohibieron la religión autóctona, el uso del lenguaje nativo e implantaron su propio gobierno.

Los americanos adquirieron a Puerto Rico, no porque necesitaran expandir su territorio - como en el caso de Hawái poder llegar hasta la mitad del océano pacífico - sino que querían evitar que algún otro país europeo tuviera un 'pied à terre' en *su* América. Les interesaba la Isla por su ubicación geográfica estratégica. No para integrarlo a la unión. Sólo utilizarla. Al gobierno de EEUU no le interesó atestar la Isla con inmigrantes americanos, ni le interesó hacerse parte de la política local. Se interesó en la construcción de bases militares y la infraestructura - energía eléctrica, carreteras, etc. - necesaria para sostener el aparato militar que iban destinando a la Isla. Hay quienes argumentan que el otorgarnos la ciudadanía de ese país comprueba la intención de que fuéramos parte de esa nación. La realidad es que fue otro agregado militar más. Si todos somos ciudadanos americanos cualquier gestión revolucionaría se podría considerar como traición a la patria con el ajusticiamiento correspondiente. Fue una forma adicional de amarrar su propiedad con collar y cadena para evitar que se les escapara.

Luego de cien años de cabildear por la estadidad federada debemos darnos cuenta que de parte de ellos no hay interés alguno.

Toda gestión 'a favor' de nosotros siempre han sido mecanismos políticos - tal como redefinir lo que es una colonia - para justificar su continua posesión de Puerto Rico. La traducción al inglés del contradictorio Estado Libre Asociado revela el asunto.

Según 'Google Translate', *Estado Libre Asociado* en inglés es *Commonwealth*, no un *Free Associated State*. En otro diccionario *Commonwealth* solo significa una entidad o grupo político; excepto cuando se refiere a Puerto Rico, entonces la traducción es *Estado Libre Asociado*. Un acto de malabarismo lingüístico/político, que podrá ser un reconocimiento a nuestra existencia política, pero muestra <u>cero</u> empeño en sumarnos a la unión. Ni siquiera como un *territorio incorporado,* estatus precursor a ser estado.

18

"...no territory deserves state-hood by merit of anything other than the national interest of the United States'"

Texas Young Republican Federation
January 24, 2017

.

2da

Razón de Fundamento

La segunda razón por lo que Puerto Rico no va a ser estado es económica. EE UU es un país capitalista, libre empresa, que idolatra el dinero. Respalda al empresario, motiva la productividad y abraza la adquisición de bienes. Su actitud hacia el dinero y la consecuencia económica que trae esa actitud es el desprecio por los pobres y marginados. Es a regañadientes que los congresos de EE UU aprueban programas sociales paliativos que en verdad no resuelven nada, solo posponen. Las instituciones de poder insisten en que el pobre es pobre porque quiere serlo. Por vago. Por eso no sienten obligación de ayudarlos, ni repartirles del dinero que con el 'sudor de su frente' se ganaron los más ricos.

¿Qué tiene eso que ver? Pues, que Puerto Rico es un país de gente pobre. Claro, los políticos emburujan el asunto haciendo las comparaciones con otros países latinoamericanos y caribeños. No se atreven hacer la comparación con el estado donde una familia de cuatro con ingresos de $40 mil al año son considerados pobres. En nuestra Isla la familia con ingresos como esos puede mandar los hijos a escuela privada. El ingreso promedio en Puerto Rico es menos de la mitad del ingreso promedio del estado más pobre y por ley federal más de la mitad de nuestra población tendría derecho a recibir algún tipo de asistencia federal.

¿En qué mente cabe que un gobierno, cualquiera - lejos o cerca - le interese incorporar casi dos millones de personas <u>pobres</u> a sus arcas de beneficencias? Cuando además, esos dos millones de gente <u>pobre</u> cargan con ellos una economía devastada y un crecimiento poblacional negativo, lo que achica la base contributiva del estado. O sea, que los que van a pagar 'income tax' federal son cada vez menos.

Aceptarnos, ya sea, como un nuevo *arrondissment* de París, incorporarnos como una provincia de España o la misma otorgación de una estadidad federada, sería un disparate político y financiero para la nación que nos recoja. El potencial económico que prometía la Isla ya fue despilfarrado por las continuas reversas en estrategias económicas y la dadiva desmedida de nuestros políticos afanados en ganar votos. Ya no nos queda <u>nada</u> que ofrecer a favor de una estadidad federada.

Somos y seguiremos siendo nuestro propio impedimento para la estadidad.

"...that the interests of a distant island polity and those of a vast continental nation can never be so reconciled as to make just or practicable a union of government.

Texas Young Republican Federation
January 24, 2017

3ra

Razón de Fundamento

La cultura es el trago más amargo. Nosotros somos una cultura vigente y activa. Y somos muchos. Nuestra cultura está tan enraizada que solo el exterminio de la población pude lograr que se deje atrás. Cuarenta años de educación publica en inglés lo comprueba. Por eso, es un sinsentido creer que una nación racista y nacionalista quiera incorporarnos intactos, como iguales, con toda nuestra cultura, identidad deportiva, sistema jurídico y un idioma que para ellos es extranjero. A los esquimales los pudieron arrinconar para hacer fácil tomar control sobre ese vasto territorio que habían comprado. Aquí no hay rincón donde empujarnos.

El desespero plebiscitario de los que quieren atosigarnos la estadidad es por miedo. Temen que los americanos nos puedan abandonar. Aquellas ventajas estratégicas y militares que ofrecimos han desvanecido. Nuestra economía está en bancarrota, los recursos naturales comercialmente explotables son inexistentes y la inmensa deuda que carga el gobierno nos hace una pérdida neta. Somos como un novio que se puso viejo, gordo y feo, buscando matrimonio antes que lo dejen. Por eso la urgencia.

Cualquier clase de igualdad de condición comparable con los otros 50 estados sería incosteable para ellos, ya que nosotros no tenemos nada que aportar. Una enorme parte de la población de EE UU rechaza la enseñanza bilingüe y/o cualquier acomodo para la población de habla hispana. La estadidad jíbara con que se intenta pasarnos gato por liebre, es una imposibilidad.

¿Habrá un político, aquí o allá, que honestamente crea que la integración de nuestra nación a la de ellos es una gran idea? ¿Habrá un político, aquí o allá, que honestamente piense que nuestra estadidad es un gran paso en beneficio de EE UU?

Entonces, ¿cuál es el asunto? Es más simple de lo que aparenta. La educación colonialista integra un bochorno, (somos una isla pequeña, pobre y sin recursos) que los lleva a avergonzarse de ser boricua. Al abrazar una cultura/nación ajena, está implícito un rechazo a la nacionalidad /cultura que se tiene. No es que los estadistas quieren ser americanos, lo que no quieren ser es puertorriqueño. ¡Ahí es que está la necesidad del engaño!

Si la pasión estadista fuera honesta, se habrían ido a vivir a los EE UU. Pero su preferencia ha sido destruir todo lo que se asocia a ser puertorriqueño. Como si fuera una ofrenda a la deidad América. Pensando que al sacrificar nuestra nación, nuestros hijos, vamos a lograr la aceptación de los usurpadores de esta tierra.

¡Eso sí es un complejo colonial!

"...separated by geography, language, law, culture, and governing custom, the people of Puerto Rico constitute a body politic unto themselves; that theirs is a political culture separate and distinct from that of the states of our federal union."

Texas Young Republican Federation
January 24, 2017

4ta

Razón de Fundamento

Puerto Rico sería el primer y único pretendiente a estado federado que ya es una entidad nacional propia. No me refiero sólo a la cultura. Cuando EEUU nos compró la isla estaba organizada política, jurídica y religiosamente. Lo que cambió fue quien nombraba el nuevo gobernador, porque hasta palacio teníamos donde meterlo. Pero claro, todo al estilo español/europeo. Los conquistadores del siglo 19 prefirieron dejar las cosas como estaban y añadir o mejorar aéreas especificas. No les hizo falta arreglar lo que no estaba dañado.

Como colonia fuimos una ganga. Como estado somos un problema. Las diferencias obvias, como el idioma y la apariencia, son de por sí monumentales, pero son tantas las diferencias menores que la unificación de Puerto Rico a la nación va a ser un proceso de reconstrucción. Se le llamó reconstrucción al proceso político de la reintegración forzosa de los estados confederados después de la guerra civil. Deshacer lo que hay para construir lo nuevo. ¿Y a quien le toca la faena?

Estás delirando si crees que los mismos políticos que nos metieron en el hoyo tienen la capacidad de llevar a cabo esa reconstrucción. Lo que no sucedió durante los 100 años de colonia, los partidos americanos con sus maquinarias multimillonarias van a atracar en la isla para postularse en los puestos legislativos federales. Ellos, los nuevos 'carpet baggers', van a alegar superioridad en conocimiento y experiencia en cuestiones federales. Y con razón, para muchos. Detrás de esos primeros, van a llegar los buscones. Seremos carne fresca para los buitres.

No estoy exagerando. Es la versión política de la historia de las megatiendas en la isla. Los negocios locales, pequeños, desaparecen frente a la competencia brutal de los presupuestos millonarios y sus intereses nacionales. Para visualizarlo, basta con sustituir el Partido Demócrata por *Sam's Club* y el Partido Republicano por *Costco*. Los partidos (negocios) locales se asimilan y desaparecen. Los asuntos locales lo seguirán dirigiendo los nativos (los gerentes de las tiendas) en español, pero todos los asuntos de consecuencia lo van a manejar los jefes regionales americanos en inglés. Igualito que digamos, *Wal-green's*.

Podemos continuar visualizando: la americanización de la constitución, la americanización de los Códigos de Ley, la creación de un gobierno estatal minimizado, la reconstrucción de los sistemas de impuesto con un 'income tax' federal, como ejemplos.

La gran duda, para mí, es ¿dónde vamos a quedar nosotros los boricuas después de ese apocalipsis? ¿Como los hawaianos? ¿Empleados de los consorcios propiedad de los americanos?

Si ahora no somos dueños de nuestra tierra en ese futuro que

nadie quiere anunciarnos ¿seremos
meros 'arrimados' en la finca de un
magnate?

"...political corruption in Puerto Rico is endemic and structural, embedded in its political economy and unlikely to be corrected..."

Texas Young Republican Federation
January 24, 2017

5ta

Razón de Fundamento

Cuando se considera un socio nuevo o un nuevo estado para la unión no se fijan solo en los asuntos financieros y el número de votos a favor, se evalúa <u>el carácter del solicitante</u>. Se llama solvencia moral. Recuerdo leer con asombro que el jefe de la mafia en la isla era coronel de la policía (Alejo Maldonado). Los empleados responsables por quemar los cupones de alimentos previamente usados, pensaron que mejor los reciclaban. Arrestaron como a doce.

Los federales cerraron la oficina de pasaportes en la Isla porque los empleados a cargo los vendían sin contemplaciones. Aquí se vendieron licencias de conducir y actas de nacimientos. Prácticamente todo documento oficial estuvo disponible a la venta, en algún momento. Hasta la licencia ¡para practicar medicina! La vigilancia del FBI ha llevado a la cárcel legisladores, alcaldes y secretarios de agencia. Han publicado esquemas de corrupción en todos los niveles de gobierno, banca y finanzas con sus subsecuentes arrestos.

La corrupción en nuestro gobierno es institucionalizada. La corrupción supera lo inmoral. La corrupción es mental. Todo se mide por el cristal del estatus no la realidad que vivimos. Si la gestión es afín con la estrategia política del partido de turno, entonces va, cueste lo que cueste. Robe quien robe.

Los propulsores del plebiscito estadista nos quieren hacer creer que con una pluralidad de votos ahora, vamos alcanzar la meta de unión permanente después, como si la realidad cotidiana de fraude contra medicare, fraude con los fondos federales, fraude bancario, violaciones constantes de reglamentos ambientales, de ordenes de la corte federal, etc. Etc. Etc. El argumento más efectivo para prevenir la estadidad es la corrupción rampante en nuestro gobierno y sus instituciones.

Habrá quien argumenta que no es tan malo como aparenta, que los medios exageran la corrupción. Y es cierto que Puerto Rico está entre Grecia y Dominica en la lista de los malos. En esa lista hay más de 90 países 'más peores' que nosotros. Pero si hacemos la comparación con la nación a la que pretendemos, seríamos el estado más corrupto de esa nación. Estaríamos en el mismísimo fondo del barril.

Y como dicen los americanos: Una manzana podrida daña las demás que están en la canasta.

En Resumen
5 Razones de Fundamento

Este escrito no es una crítica al ideal de la estadidad. Es una crítica a los políticos que con el engaño se benefician de las genuinas aspiraciones de la gente. Es una crítica a los que promovieron y se aprovecharon de la debacle económica; que ahora quieren distraernos, con batucadas plebiscitarias.

Desde la creación del estribillo 'esto tiene que cambiar', se viene promoviendo una 'estadidad jíbara'. Un estatus lírico donde ga-

51

namos todo sin pagar nada. Y nos mienten cuando dicen que nuestra participación en eventos internacionales va a continuar a pesar de la estadidad. Como si fuera un derecho adquirido. Igual nos mienten cuando dicen que nuestra identidad como nación se va a poder preservar. Son mentiras diseñadas para confundir al que no conoce ni la historia, ni las leyes de EEUU.

Si fuese verdad, entonces ¿por qué ni Texas, ni California tienen equipo Olímpico? La jurisprudencia constitucional de EEUU ha dejado claro, en todas las instancias, que ningún estado de la unión puede tener privilegios, beneficios o desventajas sobre los otros estados. ¿Porque la mentira? Porque si dicen la verdad, tendrían que admitir que no se puede ser americano y boricua a la vez.

Nuestros políticos hacen las cosas en teoría. En abstracto. Construyen castillos o trenes en el aire que son insostenibles cuando los cimientos tienen que ser la realidad. Promueven el empresarismo como solución al desempleo sin considerar que todos esos nuevos negocios necesitan de una clientela con dinero para gastar. Aprueban leyes que nadie respeta pero capturan votos, anuncian las estadísticas que les conviene y prometen villas sin tener dinero para pagarlas.

Todas las propuestas estadistas que nos lanzan sólo llegan hasta la primera base. Ninguna llega hasta 'home'. Nunca, nadie, nos ha explicado que viene después. La realidad de la propuesta estadista se detiene en los slogans publicitarios. Como si la bienandanza económica y el buen gobierno se infunden mágicamente con la estadidad.

Tenemos una historia salpicada de ilegalidades coloreada con corsarios nativos, piratas nobles, gobernadores corruptos y el consistente mal uso de fondos públicos.

Ahora mismo, debe sorprender que tengamos una economía subterránea estable de igual tamaño y trascendencia que la economía 'legal' del gobierno que está en bancarrota. El trasiego de drogas no ha perdido un paso y los políticos siguen engordando.

Después de la estadidad no hay break de cambio. Hasta siendo república podemos echar para atrás. De todas las opciones la estadidad es la única condición permanente, eterna. Con la estadidad perdemos el derecho de cambiar de opinión. Por eso hay que mirar bien a ver de qué se trata. No estemos cambiando chinas por botellas.

Sin ánimo de criticar esa gran nación, pero nos debemos preguntar ¿porque el boricua que vive en EEUU es más nacionalista que él que vive aquí?

Epílogo

Incluyo la traducción de esta carta aunque no sea documento oficial del Partido Republico pero sí resume todas las objeciones que pudieran tener los republicanos en aceptar Puerto Rico como estado de la unión. Una organización de jóvenes republicanos de la ciudad de Houston expresan por escrito lo que hasta ahora nunca se había expresado formalmente. Así es como nos ven. Así es como van hablar de nosotros.

"El 24 de enero de 2017, los Jóvenes Republicanos de Houston votaron sin objeciones para que la siguiente resolución fuera presentada a la reunión trimestral de la Federación Republicana de Jóvenes de Texas:

Considerando que el Comisionado Residente de Puerto Rico ha presentado un proyecto de ley a la Cámara de Representantes que busca que Puerto Rico sea admitido como estado a nuestra unión federal.

Considerando que se ha presentado una resolución para la consideración de la reunión trimestral de la Federación Nacional de Jóvenes Republicanos que respalda la perspectiva de un estado para Puerto Rico.

Mientras que es el principio fundador de esta nación que los intereses políticos de una isla lejana y los de una vasta nación continental nunca pueden llegar a ser tan reconciliados como para hacer justo o práctico una unión de gobierno.

Considerando que es en el mejor interés de la justicia, la eficiencia de la administración y la preservación de la soberanía popular, que culturas políticas, separadas y distintas, operen según sus propias costumbres y bajo sus propias soberanías.

Considerando que la suposición fundamental de nuestra constitución es que la unión es una federación de soberanías similares, suficientemente diferentes en sus intereses locales como para exigir un gobierno estatal distinto, pero similar en cultura, lenguaje y leyes como para hacer práctico su vinculación como participantes iguales bajo un gobierno federal.

Considerando que siendo separados por la geografía, el idioma, el derecho legal, la cultura y la gobernanza, el pueblo de Puerto Rico constituye de por sí, un cuerpo político propio. Siendo que la suya es una cultura política separada y distinta de la de los estados de nuestra unión federal.

Mientras que nuestras creencias fundamentales mantienen que el resultaría en una injusticia permitir que una cultura política foránea, que de hecho es, se ligue potencialmente a un sistema que no comparte su particular visión del mundo ni sus preconcepciones. Y simultáneamente resultaría en una injusticia permitir que nuestra propia cultura llegue a dominar y reemplazar las tradiciones del otro.

Considerando que hacer de Puerto Rico un estado -la anexión completa e integración de una posesión colonial con una identidad política separada- nos convertiría en un Imperio en el sentido de la ciencia política.

Que mientras Republicanos somos también republicanos: deseamos mantener la sensata posición republicana contra la pretensión imperial de ultramar.

Mientras que la admisión potencial de un territorio como estado debe considerarse por sus propios méritos - ningún territorio merece la condición de Estado por méritos que no sean del interés nacional de los Estados Unidos. Es por esta razón que el empuje para hacer el Filipinas territorial un estado fracasó, al igual que el super-estado

mormón Deseret y la gestión clara-
mente nativo americano de Sequoyah.

Considerando que Puerto Rico
tiene limitados recursos naturales,
poca importancia estratégica mo-
derna, menos educación promedio
y tasas muy altas de pobreza, desempleo, crimen y corrupción. Si se
admite, Puerto Rico sería nuestro
estado más empobrecido, menos
educado y más violento.

Mientras que la corrupción
política en Puerto Rico es endémica
y estructural, incrustada en su economía política y poco probable que
se corrija simplemente arrestando
los participantes más reconocibles.

Mientras que permitir que tal corrupción exista en nuestro sistema federal como un igual sería una vergüenza nacional. Cualquier intento significativo de arreglar esto, sin embargo, sería percibido por los de la Isla como una imposición. Si la historia de los enjuiciamientos por corrupción en las grandes ciudades es una guía, los intentos de limpiar el gobierno de la isla serán pintados por los demócratas como un intento racista de bloquear las voces genuinas de las comunidades desfavorecidas y desatendidas.

Mientras que el gobierno de la isla refleja la realidad política tradicional latinoamericana de una casta

(Castallano) rica y elite gobernando sobre una población de raza mixta, con una situación que se correlaciona con la colocación a lo largo del eje pardo / blanco. La admisión de un estado basado en estas líneas no va a poder mejorar las relaciones raciales.

Mientras que las posiciones políticas tradicionalmente conservadoras y republicanas siguen siendo poco populares en la isla, mientras que el apoyo a la regulación gubernamental de largo alcance, el control de armas, un servicio civil expansivo, y un sistema de bienestar extenso son muy populares.

Mientras que la historia política de la isla deja claro que su admisión como estado proporcionaría dos nuevos asientos confiablemente demócratas en el Senado, votos confiablemente demócratas en el Colegio Electoral y una delegación mayoritariamente demócrata para la legislatura.

Considerando que hacer de Puerto Rico un estado proporcionaría municiones para el esfuerzo de hacer del Distrito de Columbia un estado, ya que la izquierda usa cualquier victoria como pretexto para su próximo salto similar.

Mientras que la admisión de Puerto Rico como estado requeriría que Estados Unidos se volviera oficialmente bilingüe; y que esto aumentaría la normalización del no-uso del inglés con una inevitable disminución de nuestra capacidad y deseo cultural de asimilar inmigrantes, especialmente los hispano-hablantes.

Considerando que hacer que Puerto Rico fuera un estado lo sometería a todo el peso de la regulación federal y de los mandatos sin fondos, complicando aún más sus perspectivas económicas a largo plazo.

En la medida en que la discusión y las luchas intra-partidista de este último ciclo electoral nos han mostrado los peligros de que una jerarquía partidaria se vea alineada con la izquierda sobre importantes cuestiones de identidad nacional.

Considerando que las cuestiones económicas y políticas que encara Puerto Rico se puede abordar de manera justa y adecuada sin la solución radical de concederles la estadidad.

Considerando que el sistema jurídico de derecho civil de Puerto Rico ya presenta obstáculos para hacer cumplir con plena fe y crédito y para los tribunales continentales que se encuentran en la jurisdicción de diversidad. Si la estadidad aumenta los problemas en estas cuestiones de economía judicial, la administración de justicia sufriría como resultado.

Por lo tanto, se resuelve que la Federación Republicana de Jóvenes de Texas se opone a la admisión de Puerto Rico como estado, alienta a los representantes electos de la gente de Texas para oponerse a la misma, y alienta a la Federación Nacional Jóvenes Republicanos a rechazar cualquier resolución en su favor."

Texto Original en Inglés

"On January 24th, 2017, the Houston Young Republicans voted

with no objections for the following resolution to be submitted to the Texas Young Republican Federation's quarterly board meeting:

Whereas the Resident Commissioner of Puerto Rico has introduced a bill to the House of Representatives seeking to have Puerto Rico admitted as a state to our federal union.

Whereas a resolution has been submitted for the consideration of the Young Republican National Federation's quarterly meeting that supports the prospect of statehood for Puerto Rico.

Whereas it is the founding principle of this nation that the interests of a distant island polity and those of a vast continental nation can never be so reconciled as to make just or practicable a union of government.

Whereas it is in the best interests of justice, efficiency of administration, and the preservation of popular sovereignty, that separate and distinct political cultures operate according to their own custom and under their own sovereignties.

Whereas that the founding assumption of our constitution is that the union is a federation of similar sovereignties, different enough in their local interest to necessitate separate state government but so similar in common culture, language, and law as to make practical their binding as coequal participants under a federal government.

Whereas that being so separated by geography, language, law, culture, and governing custom, the people of Puerto Rico constitute a body politic unto themselves; that theirs is a political culture separate and distinct from that of the states of our federal union.

Whereas our founding beliefs hold that injustice would result in allowing what is in fact a foreign political culture to potentially bind those in a system that does not share its particular assumptions and worldviews, and simultaneously an injustice would result in allowing our own culture to come to dominate and replace the traditions of another.

Whereas making Puerto Rico a state – the full annexation and integration of a colonial possession with a separate political identity- would render us an empire in the political science sense of the word.

Whereas as Republicans we are also republicans: we wish to maintain the good sense republican position against overseas imperial pretense.

Whereas potential admission of a territory as a state must be viewed upon its own merits – no territory deserves statehood by merit of anything other than the national interest of the United States. It is for this reason that the push to make the territorial Philippines a state failed, as did Mormon superstate Deseret and explicitly Native American Sequoyah.

Whereas Puerto Rico has limited natural resources, little modern strategic significance, less average education, and very high rates of poverty, unemployment, crime, and corruption. If admitted, Puerto Rico would be our most impoverished, least educated, and most violent state.

Whereas the political corruption in Puerto Rico is endemic and structural, embedded in its political economy and unlikely to be corrected simply by arresting notable participants.

Whereas allowing such corruption to exist in a coequal state in our federal system would be a national embarrassment. Any meaningful attempt to fix this, however, would be perceived by those on the island as an imposition. If the history of big city corruption prosecutions is any guide, attempts to clean the government of the island would be painted by Democrats as a racist attempt to lock up the genuine voices of underprivileged and underserved communities.

Whereas the government of the island reflects the traditional Latin American political reality of a wealthy Castellano elite ruling over a mixed race population, with status in the civil service correlating to placement along the pardo/white axis. The admission of a state based upon these lines cannot improve race relations.

Whereas traditionally conservative and Republican political positions remain unpopular on the island, while support for far reaching government regulation, gun control, an expansive civil service, and an extensive welfare system are very popular.

Whereas the political history of the island makes it clear that their admission as a state would provide two new reliably Democratic Senate seats, reliable Democratic votes in the Electoral College, and a majority-Democratic House delegation.

Whereas making Puerto Rico a state would provide ammunition for the push to make the District of Columbia a state, as the Left uses any victory as a pretext for their next similar leap.

Whereas admission of Puerto Rico as a state would necessitate that America become officially bilingual and that this would increase the normalization of non-use of English with an inevitable decline in our cultural desire and ability to assimilate immigrants, especially Spanish speaking ones.

Whereas making Puerto Rico a state would subject it to the full brunt of federal regulation and unfunded mandates, further bogging down its long term economic prospects.

Whereas the ruction and intra-party strife from this past electoral cycle has shown us the dangers of a party hierarchy seen to align with

the left on important national iden-
tity issues.

Whereas we believe the economic and political issues that face
Puerto Rico can be addressed fairly
and adequately without the radical
solution of granting them statehood.

Whereas Puerto Rico's Spanish
language civil law legal system al-
ready presents hurdles when en-
forcing full faith and credit and for
mainland courts sitting in diversity
jurisdiction. Should statehood increase the problems these issues
present to judicial economy, the

administration of justice would suffer as a result.

Therefore be it resolved that the Texas Young Republican Federation opposes the admission of Puerto Rico as a state, encourages the elected representatives of the people of Texas to oppose the same, and encourages the Young Republican National Federation to reject any resolution in its favor."

Autor

Pepe Orraca es también autor de *La Histeria Económica de Puerto Rico* (Casa Norberto, Amazon, Kindle) y publica sus opiniones con regularidad en su blog:

La Terapia de Pepe Orraca (www.pepeorraca.blogspot.com)